Made in the USA
Monee, IL
25 April 2022

95375196R00056